AF311699

Collection BIGILLON, de Grenoble

OBJETS D'ART

ET DE

CURIOSITÉ

SCULPTURE, MARBRE, ALBATRE, BOIS

MEUBLES RICHES

DES XVe, XVIe, XVIIe ET XVIIIe SIÈCLES

Riches Pendules Henri II, Louis XIV, Louis XV et Louis XVI, Bronzes d'ameublement, Glaces anciennes, Beaux Vitraux anciens, Émaux de Limoges, Armes, Fers forgés et ciselés, Instruments de musique, Monnaies et Médailles en or, argent et bronze, Porcelaines de Sèvres, Saxe, Vienne, Vincennes, Locret, Chine, Japon, Inde, etc., Faïences, Tableaux anciens, Gravures, Miniatures, Tapisseries, Dentelles, Costumes, Instruments d'Optique, Physique, Histoire naturelle et Minéralogie.

EXPOSITIONS

PARTICULIÈRE : les 12, 17 et 24 Avril 1869, de 1 heure à 5 heures
PUBLIQUE : les 13, 18 et 25 Avril 1869, de 1 heure à 5 heures

VENTE

Les 14, 15, 19, 20, 21, 22, 23, 26, 27, 28, 29 et 30 Avril 1869, à une heure précise

Me BERNARD, Commissaire-Priseur à Grenoble (Isère),
demeurant Passage de l'Hôtel-de-Ville

M. OPPENHEIM, Expert, boulevart Saint-Martin, 2, à Paris

CHEZ LESQUELS SE TROUVE LE CATALOGUE

PARIS — 1869

RENOU & MAULDE

IMPRIMEURS DE LA COMPAGNIE DES COMMISSAIRES-PRISEURS

Rue de Rivoli, 144.

CATALOGUE

D'OBJETS D'ART

ET DE

CURIOSITÉ

SCULPTURE, MARBRE, ALBATRE, BOIS

MEUBLES RICHES

DES XV⁰, XVI⁰, XVII⁰ ET XVIII⁰ SIÈCLES

Riches Pendules Henri II, Louis XIV, Louis XV et Louis XVI, Bronzes
d'ameublement, Glaces anciennes, Beaux Vitraux anciens, Émaux
de Limoges, Armes, Fers forgés et ciselés, Instruments de musique,
Monnaies et Médailles en or, argent et bronze, Porcelaines de Sèvres,
Saxe, Vienne, Vincennes, Locret, Chine, Japon, Inde, etc., Faïences,
Tableaux anciens, Gravures, Miniatures, Tapisseries, Dentelles,
Costumes, Instruments d'Optique, Physique, Histoire naturelle et
Minéralogie.

PROVENANT

DE LA COLLECTION DE FEU M. BIGILLON

DONT LA VENTE AURA LIEU

à GRENOBLE (Isère)

SALLE DU MUSÉE

Les 14, 15, 19, 20, 21, 22, 23, 26, 27, 28, 29 et 30 Avril 1869

A UNE HEURE PRÉCISE

Par le ministère de Mᵉ **BERNARD**, Commissaire-Priseur à Grenoble,
demeurant passage de l'Hôtel-de-Ville,

Assisté de M. **OPPENHEIM**, Expert, demeurant à Paris,
boulevart Saint-Martin, 2,

CHEZ LESQUELS SE DISTRIBUE LE PRÉSENT CATALOGUE.

EXPOSITIONS

PARTICULIÈRE : les 12, 17 et 24 Avril 1869, de midi à 5 heures
PUBLIQUE : les 13, 18 et 25 Avril 1869, de midi à 5 heures

PARIS — 1869

CONDITIONS DE LA VENTE

Elle sera faite au comptant.

Les Acquéreurs paieront CINQ POUR CENT, en sus du prix de chaque adjudication, applicables aux frais.

Les Expositions particulières et publiques mettant à même les Amateurs de visiter les Objets, il ne sera admis aucune réclamation après la vente.

ORDRE DES VACATIONS

Les 14 et 15 Avril, à 1 heure

Objets d'optique, Géodésie, Histoire naturelle, Minéralogie, Médailles.

Les 19, 20, 21, 22 et 23 Avril, à 1 heure

Les Objets d'art et de curiosité, les Porcelaines, Faïences, Émaux, Vitraux, Armes, Marbres, Bronzes et Meubles.

Les 26, 27, 28, 29 et 30 Avril, à 1 heure

Les Tableaux et les Gravures.

PRÉFACE

Je lis dans le *Dauphiné*, journal de Grenoble, les lignes suivantes :

« J'apprends la mort de M. Émile Bigillon, gref-
« fier en chef du Tribunal civil de première instance.
« Tout le monde à Grenoble (on aurait pu ajouter
« dans tout le Dauphiné) connaissait les goûts
« artistiques de M. Bigillon. Beaucoup de personnes
« ont visité la riche Collection de tableaux, d'objets
« d'art, dont il faisait les honneurs avec une rare
« distinction d'esprit et une science aimable
« dépourvue de toute prétention. Cette Collection,
« aussi remarquable par le nombre des objets qui y
« sont rassemblés que par leur rareté, est bien
« connue des amateurs et collectionneurs. Jusqu'à
« sa mort, M. Bigillon n'a cessé de l'accroître et elle
« présente aujourd'hui la réunion la *plus nombreuse*
« qui se puisse voir d'objets artistiques de toutes les
« époques et de tous les styles. »

Je n'ai pas cru pouvoir mettre au Catalogue de cette Collection une meilleure préface que celle-ci, qui peint, en peu de mots et avec la plus grande justesse, la Collection et l'homme qui l'a formée

M. Bigillon était un de ces collectionneurs dont l'ai parlé dans mes réflexions sur la curiosité (*Moniteur des Arts*, 1867), qui rendent à l'art et à l'étude d'immenses services, pour ainsi dire d'une façon inconsciente, sans parti pris.

Il achetait de tout, collectionnait tout ce qui est objet d'art, tout ce qui parle à l'œil, à l'esprit, au souvenir, des temps passés.

Sa Collection n'a pas de temps d'arrêt. Elle commence avec les époques historiques pour s'arrêter aux objets d'art fabriqués la veille de sa mort. Tous les amateurs, tous les collectionneurs de quelque genre que ce soit, y trouveront leur compte.

Cette Collection provient, en grande partie, des Collections Marchand, Pina et autres bien connues.

Et maintenant, chargé de la vente d'une aussi importante réunion, d'une collection si variée, je suis homme, et je demande l'indulgence pour les fautes que j'aurai commises.

Collection BIGILLON

PREMIÈRE PARTIE

OBJETS D'ART

ET DE

CURIOSITÉ

SCULPTURE, MARBRE, ALBATRE, BOIS

MEUBLES

DES XVe, XVIe, XVIIe ET XVIIIe SIÈCLES

Cartels, Pendules, Bronzes d'ameublement, Glaces, Beaux Vitraux, Émaux de Limoges, Armes, Fers forgés et ciselés, Instruments de musique, Monnaies et Médailles en or, argent et bronze. **Porcelaines :** de Sèvres, Saxe, Vienne, Locret, Vincennes, Chine, Japon, Inde. **Faïences :** de Moustier, Rouen, Marseille, Strasbourg, Delft, Lunéville, Avignon, Gênes, Castelli, etc.

EXPOSITIONS

PARTICULIÈRE : le 17 Avril 1869, de midi à cinq heures
PUBLIQUE : le 18 Avril 1869, de midi à cinq heures

VENTE

Les 19, 20, 21, 22 et 23 Avril 1869, à une heure précise
Salle du nouveau Musée de la Bibliothèque de Grenoble (Isère)

CURIOSITÉS DIVERSES

1 — Fontaine en cuivre du XIVe siècle, formée d'une hippogriffe, dont les ailes sont mobiles.

2 — Deux Flambeaux en cristal de roche, montés de bronzes. Renaissance.

3 — Charmante petite Pendule carrée à soubassement, ornée de bouquets de fleurs en relief; le dôme est entouré d'une chasse d'animaux qui tournent à la sonnerie des heures. Renaissance.

4 — Paire de Candélabres formés de deux coqs en porcelaine de Chine, intacts, grandeur nature. La monture rocaille en bronze doré; les branches soutenant les bougies sont ornées de fleurettes en porcelaine de Chine. Louis XV.

5 — Hausse-Col en argent repoussé ciselé, posé sur une plaque doré. Louis XIII.

6 — Statuette en ivoire : l'Enfant Jésus.

7 — Repoussé en argent : Vierge reine.

8 — Plaque de diptyque en ivoire sculpté.

9 — Tabatière en burgau garnie en or, ornée d'une gouache.

10 — Tabatière en jaspe sanguin montée en or; le dessus sculpté en bas-relief d'un sujet pastoral.

11 — Tabatière ronde en écaille; dessus mosaïque cerclé d'or.

12 — Tabatière en écaille, ornée d'une miniature l'Oiseau mort.

13 — Bonbonnière en ivoire sculpté.

14 — Tabatière en burgau, miniature représentant deux portraits autrichiens, montée en or.

15 — Quatre Tabatières.

16 — Portrait de saint Jean et six pièces diverses.

17 — Tabatière russe en platine.

18 — Trois objets en lumachelle.

19 — Plaque en ivoire sculpté.

20 — Bronze de Limoges : la Vierge et l'Enfant.

21 — Tabatière en buis, ornée d'une mosaïque.

22 — Boîte à poudre en buis.

23 — Cadre en filigrane d'argent.

24 — Trois Boîtes.

25 — Moule en corne et bois sculpté.

26 — Huit objets.

27 — Médaillon Sèvres tendre : Mirabeau.

28 — Deux Portraits dont un en ivoire.

29 — Trois Colliers en ambre et deux morceaux d'ambre.

30 — Collier chinois en verre.

31 — Collier en émail et un en verre.

32 — Boîte contenant trente-un Camées et Intailles.

33 — Boîte contenant quatorze Intailles coulées.

34 — Quatre Miniatures.

35 — Deux pièces.

36 — Boîte ronde en agate.

37 — Mosaïque et objet en filigrane.

38 — Fauteuil en filigrane d'argent; travail napolitain.

39 — Encrier en os sculpté.

40 — Boussole et Microscope.

41 — Deux Salières en émail de Saxe.

42 — Deux Salières en émail de Saxe.

43 — Deux autres, manque les pieds.

44 — Un Éventail monture en ivoire.

45 — Petit Vase en verre de Venise.

46 — Huit petits objets.

47 — Trois Verres dont un de Venise.

48 — Sept Vases étrusques.

49 — Verre de Bohême.

50 — Médaillon en bronze, par Marin.

51 — Cadran d'Horloge, fer peint.

52 — Verre de Venise, ancienne qualité à émaux de
relief.

53 — Sucrier en verre de Bohême émaillé.

54 — Six Couteaux manches Chantilly tendre.

55 — Six Couteaux manches Chantilly tendre.

56 — Six Couteaux orientaux, manches os piqués.

57 — Verre de Venise à anneau mobiles.

58 — Deux Plateaux en verre de Bohême.

59 — Deux Bouteilles verre de Bohême.

60 — Trois pièces verre de Bohême.

61 — Verre gravé.

62 — Chandelier bois sculpté.

63 — Quatorze pièces verre de Bohême.

64 — Deux Plateaux verre de Bohême.

65 — Pendule en biscuit; Lorraine.

66 — Petit Trictrac et table d'Echecs en ébène **incrusté** d'ivoire.

67 — Petit coffre incrusté écaille et cuivre.

68 — Petit Cabinet ébène, tiroirs plaqués en **argent** gravé; fin de la Renaissance.

69 — Nini, portrait de Catherine de Russie.

70 — Nini, portrait d'Homme très-fin. Signé.

71 — Marie de Médicis, albâtre peint.

72 — Portrait d'Homme terre cuite.

73 — Différentes pièces gauloises et **gallo-romaines** en jade et silex.

74 — Environ vingt objets divers. Silex.

75 — Beau Christ ivoire.

76 — Christ bronze.

77 — Deux Statuettes bronze.

78 — Christ en ivoire, mauvais état.

79 — Coin de graveur : portrait Louis XV. Fer.

80 — Deux Clefs fer, ciselées.

81 — Poignée de meuble en fer xive siècle : Saint Christophe.

82 — Coffre en fer.

83 — Coffre en fer gravé.

84 — Coffre en fer.

85 — Coffret en écaille.

86 — Lampe italienne.

87 — Cadre avec devise française.

88 — Deux Salières en agate.

89 — Environ vingt pièces diverses.

90 — Belle et grande Lampe antique en bronze, formée d'un pied, au pouce duquel se place la mèche; la chaîne manque; elle est gravée dans les antiquités de Montfaucon.

91 — Mater Dolorosa en bronze, d'après un marbre italien.

92 — Glaive gallo-romain en bronze trouvé dans l'Isère.

93 — Cartouchière turque recouverte d'une moitié d'aumonière, brodée aux armes des Clermont-Tonnerre.

94 — Deux Fourchettes Louis XV, manches argentés.

95 — Environ cinquante pièces diverses. Montures de commode.

96 — Repoussé Vierge et Enfant.

97 — Lustre en verre.

ÉMAUX

98 — Assiette en émail polychrôme sur paillons de Jehan-de-Court, représentant un Combat de guerriers vêtus à la romaine.

99 — Plaque de Bénitier saint François-d'Assise; au-dessus des Armoiries : Laudin.

100 — L'Éducation de la Vierge : Jean Laudin.

101 — Sainte Catherine : Jean Laudin.

102 — Petite Tasse oblongue, émail allemand.

103 — Adoration de la Vierge : Jean Laudin.

104 — Deux Plaques de bourse, avec portraits : Laudin.

105 — Scène Familière, émail de Genève.

106 — Le Christ prêchant, plaque de Pénicaud.

107 — Sainte Thérèse : Laudin.

108 — Saint Thomas : Laudin.

109 — Petite Coupe allemande.

110 — Petite Coupe allemande.

111 — La Vierge : Laudin.

VITRAUX

112 — La Vierge et l'Enfant Jésus, 1644, armorié.

113 — Avec le Panonceau du duc d'Autriche, 1508.

114 — Résurrection du Christ, 1606.

115 — La Foi, grande figure, avec armoiries.

116 — Sainte Catherine, grande figure, avec armoiries.

117 — Aux Armoiries du duc de Bade.

118 — L'Adoration de la Vierge, armorié.

119 — La Vierge et l'Enfant Jésus, armorié.

120 — Sainte Madeleine du désert, armorié.

121 — L'Adoration des Mages. Signé Hans Schürnle de
Munich, 1485.

122 — Onze Blasons de princes allemands.

123 — Composé, armorié, 1592.

124 — Figure ailée, armorié.

125 — Verres de couleur pour la restauration.

ARMES ET FERS

126 — Petit Couteau persan, manche en ivoire.

127 — Petit Couteau turc.

128 — Quatre Poignards.

129 — Sept Épées de différentes formes, cuivre et fer.

130 — Épée Louis XV, ciselée champ-levé.

131 — Cinq Épées de différents modèles.

132 — Épée Louis XV, poignée ciselée en fer.

133 — Dix épées de différentes formes.

134 — Six Lames.

135 — Petit Canon.

136 — Paire de Pistolets à pierre.

137 — Environ dix Pièces d'armes à feu.

138 — Grand Pistolet à rouet, de Cunel de Lyon.

139 — Deux Fusils.

140 — Beau Fusil arabe, garni argent.

141 — Tromblon à canon, ciselé, damasquiné.

142 — Fusil espagnol.

143 — Deux Fusils modernes.

144 — Deux Fusils à vent.

145 — Deux Tromblons.

146 — Environ quinze pièces d'armes différentes.

147 — Environ dix pièces dépareillées d'armures.

148 — Vingt Cannes différentes.

TAPISSERIES, DENTELLES, COSTUMES

149 — Quatre grandes Tapisseries de Beauvais à personnages, avec bordure.

150 — Paquet de Cuirs gaufrés, différentes provenances.

151 — Tapisserie au petit point, rinceaux et ornements.

152 — Tapisserie au petit point.

153 — Tapis brodé soie; ornements.

154 — Pente en tapisserie au petit point.

155 — Sept Sièges Aubusson-Gobelins.

156 — Devant d'autel brodé soie.

157 — Devant d'autel petit point.

158 — Onze Siéges différents; tapisserie.

159 — Treize Siéges   id.

160 — Quatorze Bras de fauteuils; tapisserie.

161 — Trois bras brodés soie.

162 — Tabouret Louis XIV; tapisserie.

163 — Treize Gilets, cinq Habits, cinq culottes, soie et velours, Louis XV.

164 — Robe de soie brochée en pièce.

165 — Sept Morceaux de soie brochée argent.

166 — Nappe en guipure.

167 — Quatre paquets de Guipure fine.

168 — Une boîte de Dentelles fines.

169 — Une boîte   id.

170 — Boutons d'habits et Boucles argent montés strass.

SCULPTURES

171 — Buste antique de Germanicus; marbre de grandeur
nature.

172 — Buste antique d'impératrice romaine d'un fini
précieux; la coiffure est superbe. Il fait pendant
au précédent.

173 — Buste demi-nature d'une jeune Femme en costume
Louis XIV, supposée Henriette d'Angleterre.

174 — Deux magnifiques Bas-reliefs de Germain Pilon,
représentant l'un la Justice, l'autre la Paix. Parfaite conservation.

175 — Une Fille de Niobé levant dans l'expression de la
douleur sa tête vers le ciel; marbre grandeur
nature.

176 — Buste de Napoléon Ier, par Chaudet. Signé du cise-
leur; bronze. Grandeur nature.

177 — Lutteur combattant; bronze florentin.

178 — Eve, statuette; albâtre.

179 — Quatre Poëtes italiens; albâtre.

180 — Isaac sur le bûcher; albâtre.

181 — Buste en terre cuite.

182 — Le Taureau Farnèse; terre cuite.

183 — Daphnis et Chloé; albâtre.

MEUBLES ET BOIS SCULPTÉS

184 — Grande Vitrine à deux corps, garnie de bois sculptés à ogives.

185 — Stalle en noyer sculpté, fin du xve siècle.

186 — Grande Console Louis XIV en hêtre sculpté; marbre brèche.

187 — Fauteuils Louis XIV, noyer sculpté, couverts en tapisserie.

188 — Console, dessus marbre.

189 — Commode-Tombeau garnie de ses cuivres et de son marbre.

190 — Bureau semainier Louis XIII, richement incrusté de sujets, d'après Israël Silvestre et Abraham Bosse, marquetés par Galbiati et gravés au burin par Auda. Superbe pièce d'une parfaite conservation.

191 — Table avec marbre antique.

192 — Six Fauteuils, fin Louis XIV, recouverts en tapisserie de Beauvais; médaillons de grandes fleurs.

193 — Fontaine monumentale.

194 — Grand Cabinet moulures ébène, dans une niche, statuette ivoire.

195 — Fauteuil Louis XIII, noyer sculpté.

196 — Table à pieds tors.

197 — Console pieds tors.

198 — Crédence ornée d'une fleur de lys à chaque panneau ogival.

199 — Console Louis XV, bois sculpté.

200 — Guéridon Louis XVI, garni cuivre, colonne cannelée.

201 — Table dite table Tronchin.

202 — Cheminée en marbre vert.

203 — Console Louis XVI, bois sculpté.

204 — Bureau Louis XIII; marqueterie.

205 — Bureau marqueterie de Boule.

206 — Garde-Robe en marqueterie de bois.

207 — Grand Lit sculpté armorié.

208 — Table marquetée.

209 — Bureau Louis XIII en marqueterie de bois; bonne conservation.

210 — Commode Louis XV, marqueterie de bois garnie cuivre, marbre griotte.

211 — Commode Louis XIII, marqueterie.

212 — Table console.

213 — Table marqueterie, écaille et ivoire.

214 — Paravent chinois à six feuilles, brodé soie, oiseaux et fleurs.

215 — Paravent, cinq feuilles cuir gaufré

216 — Console Louis XV, bois sculpté.

217 — Bloc en bois sculpté : l'Assomption de la Vierge.

218 — Huit bois de Fauteuils, pieds tors.

219 — Bois de Fauteuil Louis XIII.

220 — Neuf bois de Fauteuil Louis XV.

221 — Petite table pieds tors.

222 — Bois de Chaise Louis XIV.

223 — Fauteuil à roulettes.

224 — Deux bois de Chaise pieds tors.

225 — Trois bois Louis XIV.

226 — Deux bois de Chaises.

227 — Bois de Fauteuil Louis XIII.

228 — Sept bois divers de Fauteuils Louis XV.

229 — Chaise basse Louis XV.

230 — Saint François; médaillon.

231 — Deux Panneaux ébène sculpté.

232 — Six Panneaux gothiques.

233 — Deux Moules sculptés.

234 — Neuf Panneaux.

235 — Panneau; sujet religieux.

236 — Panneau gothique.

237 — Deux Panneaux gothiques.

238 — Panneau gothique armorié.

239 — Panneau gothique armorié.

240 — Paquet de bois sculptés.

241 — Panneaux sculptés.

242 — Sous ce numéro plus de cent cadres sculptés, dorés et autres.

GLACES

243 — Glace Louis XIII à biseaux, cadre noir, garni de ses cuivres repoussés.

244 — Glace Louis XIII; cadre bois sculpté.

245 — Glace Louis XIV; cadre italien en bois sculpté.

246 — Glace italienne en verre gravé.

247 — Glace Louis XV, allemande; cadre en bois sculpté.

248 — Glace Louis XIV.

249 — Glace Louis XV; cadre bois sculpté.

250 — Glace, cadre noir, garni cuivre.

251 — Glace, cadre noir.

252 — Glace Louis XIII, avec contre-glace garnie cuivre.

253 — Glace Louis XIV avec fronton sculpté.

254 — Glace Louis XIII; contre-glace garnie cuivre.

255 — Glace Louis XIII; cadre noir.

256 — Glace Louis XIII; cadre noir.

257 — Cadre de Glace Louis XV, bois sculpté.

258 — Glace de Venise avec fronton, coins glace.

259 — Glace Louis XV; cadre bois sculpté.

260 — Cadre de Glace ébène.

261 — Petit cadre de Glace fin, Louis XIV, richement sculpté. Amours dans des rinceaux en haut-relief.

262 — Glace à biseau.

PENDULES ET BRONZES D'AMEUBLEMENT

263 — Pendule et Candélabres modernes.

264 — Cartel Louis XIV.

265 — Pendule en marqueterie de Boule avec son socle.

266 — Joli Cartel Louis XV à guirlandes.

267 — Porte-Montre en marqueterie.

268 — Coucou en cuivre gravé (Louis XIII).

269 — Cartel en bronze (Louis XV).

270 — Religieuse; marqueterie d'étain et cuivre.

271 — Petit Cartel Louis XV.

272 — Petit Cartel Louis XV, à tirage.

273 — Applique Louis XVI; deux lumières.

274 — Paire d'Appliques Louis XIV; deux lumières.

275 — Paire d'Appliques rocaille; deux lumières.

276 — Paire d'Appliques rocaille; deux lumières.

277 — Deux Flambeaux Louis XVI.

278 — Seize Flambeaux seuls ou en paire.

279 — Paire de Chenets Louis XVI.

280 — Un Feu, style Louis XVI.

INSTRUMENTS DE MUSIQUE

281 — Mandore.

282 — Mandoline espagnole incrustée de nacre.

283 — Deux Guitares.

284 — Basse.

285 — Basse; elle est signée Amati et le dos est du
maître.

286 — Violon, signé Stradivarius.

287 — Violon, signé Stradivarius.

288 — Quatre Violons.

289 — Violon, signé Léonard Seguin, 1751.

290 — Violon, signé Moricel.

291 — Deux Violons.

292 — Violon, signé Salzar.

293 — Divers instruments.

294 — Orgue de Chapelle.

PORCELAINES DE SÈVRES, DE SAXE & AUTRES

1 — Grand et beau Vase forme porcelaine potiche en ancienne porcelaine de Saxe, à ornements en haut-relief de fleurs, au milieu desquelles rampe un dragon qui fait le tour du vase.

2 — Garde à Vous. Statuette en biscuit tendre de Sèvres de la plus belle qualité, montée sur un socle en porcelaine tendre, fond gros-bleu à médaillons enrichis de guirlandes de fleurs; des ors courent autour du socle; un médaillon porte en lettres d'or :

> Qui que tu sois, voici ton maitre;
> Il l'est, le fut ou le doit être.

3 — Pendant du précédent, même qualité; le socle est formé d'une base cannelée fond bleu tendre, sans ornements.

4 — Laitière, Sèvres tendre, camaieu violet d'Eisen; des branchages en relief courent autour de la pièce.

5 — Petit Cabaret composé d'une tasse avec soucoupe, un sucrier avec couvercle, un plateau commun en Sèvres tendre, décoré de rubans bleu de roi, enlaçant des fleurs semées.

6 — Curieuse Soucoupe tendre, qualité rare : République française, fond jaune; riche en attributs républicains de toutes sortes.

7 — Petite Casserole Sèvres, pâte tendre.

8 — Sucrier en porcelaine de Lorraine.

9 — Deux Tasses avec soucoupes et un sucrier avec son couvercle; porcelaine tendre, Sèvres.

10 — Théière, pâte tendre.

11 — Tasse et Soucoupe, Sèvres tendre, à fleurs.

12 — Tasse et Soucoupe, pâte dure.

13 — Tasse et Soucoupe, Vienne, à fleurs.

14 — Cabaret de six pièces.

15 — Quatre Tasses avec soucoupe, allemandes.

16 — Petit Sucrier, Sèvres tendre.

17 — Petite Tasse, Saxe fond jaune, décor chinois.

18 — Petite Tasse, Vincennes, blanc et bleu.

19 — Tasse de Sèvres, médaillons.

20 — Petite Marmite de Locret et quatre tasses.

21 — Cabaret de huit pièces.

22 — Assiette allemande; médaillon peint représentant un orage.

23 — Assiette allemande; au fond, jeu d'enfants.

24 — Petite Casserole porcelaine de Lorraine et Laitière allemande.

25 — Deux Tasses, Sèvres tendre, République.

26 — Tasse et sa soucoupe porcelaine, Lorraine.

27 — Tasse sans soucoupe, Saxe.

28 — Dix Tasses et leurs soucoupes chocolatière et sucrier, Sèvres tendre, non décoré.

29 — Soupière, comte d'Artois.

30 — Saladier porcelaine, à la Reine.

31 — Bol, porcelaine allemande.

32 — Six Tasses Vincennes.

33 — Pot et Cuvette bien décorés.

34 — Jupiter et Léda, joli groupe biscuit Niederviller, signé François.

35 — Service de thé, quarante-deux pièces, Vincennes.

36 — Petite Assiette, ancien Saxe.

37 — Tasse et soucoupe, Sèvres tendre, bleu de roi à médaillons.

38 — Tasse et soucoupe, Sèvres tendre, bleu de roi, à médaillons.

39 — Tasse et soucoupe, Sèvres tendre, bleu de roi, à médaillons.

40 — Deux Tasses allemandes à fleurs.

41 — Tasse Saxe, avec soucoupe à fleurs.

42 — Soucoupe Sèvres tendre, avec attributs républicains.

43 — Soucoupe Sèvres tendre, fleurs.

44 — Soucoupe Sèvres tendre, fleurs.

45 — Huit Assiettes porcelaine Mayence.

46 — Quatre Compotiers porcelaine de Vincennes, fleurettes bleues.

47 — Six Assiettes décorées.

48 — Trois pièces.

49 — Groupe de Nymphes, biscuit tendre de Villars.

50 — Deux Biscuits, Voltaire.

51 — Deux Huiliers Vincennes, blanc et bleu.

52 — Pot à Pommade, Saxe, à fleurs.

53 — Deux Assiettes, Saxe, à fleurs.

PORCELAINES DE CHINE, DU JAPON & DE L'INDE

54 — Grande Potiche avec son couvercle en porcelaine de Chine de la plus belle qualité, ornements en relief à émaux verts, jaunes et roses.

55 — Sucrier Japon, bleu, rouge et or, garni en argent Berain.

56 — Sucrier Japon, bleu, rouge et or.

57 — Petit pot à pommade du Japon.

58 — Quatre Présentoirs, Chine.

59 — Grand Bol de l'Inde à armoiries européennes, polychrôme.

60 — Théière, Inde.

61 — Chocolatière, Chine.

62 — Vingt-trois Assiettes creuses Chine, pareilles, polychrômes.

63 — Sept Assiettes creuses, Japon, pareilles, bleu et rouge.

64 — Sept Assiettes plates, Chine, pareilles, polychômes.

65 — Dix Assiettes plates, Japon, pareilles, bleu rouge or.

66 — Compotier, Chine, fendu.

67 — Douze Assiettes, Japon, bleu rouge or, pareilles.

68 — Dix Assiettes, Japon, bleu rouge or, pareilles.

69 — Plat, Japon, bleu rouge or.

70 — Plat, Chine, polychrôme.

71 — Plat, Chine, polychrôme.

72 — Plat, Japon, bleu rouge or.

73 — Plat, Japon, armorié.

74 — Plat, Japon, armorié.

75 — Bassin, Japon, bleu rouge or.

76 — Plat, Chine, polychrôme.

77 — Plat, Japon, bleu.

78 — Belle Soupière, Chine, de commande, aux armes de France. Elle porte le collier de Saint-Michel, qui indique qu'elle a été faite pour le roi Louis XIV.

79 — Soupière, Chine, émaux verts.

80 — Pot à Confitures, céladon gris, gravé sous engobe.

81 — Deux Jardinières pareilles en porcelaine de Chine, polychrômes, richement décorées; belle pièce.

82 — Tasses de l'Inde, polychrôme,

83 — Beurrier de Chine, polychrôme.

84 — Plat octogone, Chine, émaux verts et rouges.

85 — Deux Bouteilles, Japon, bleu et or.

86 — Six Assiettes, Japon, bleu rouge or.

87 — Trois Assiettes, Japon, bleu rouge or.

88 — Trois Soucoupes, deux Tasses, Japon, bleu rouge or.

89 — Tasse, Chine.

90 — Deux Assiettes de l'Inde.

91 — Deux Bouteilles, Japon, bleu rouge or.

92 — Petit Pot à pommade de Chine, polychrôme.

93 — Savonnière, Chine, émaux verts.

94 — Quatre beaux Compotiers, Chine, polychrômes.

95 — Deux Assiettes, Chine, polychrômes.

96 — Compotier, Chine, émaux verts.

97 — Saladier, Chine, émaux verts.

98 — Compotier, Japon, bleu, rouge et or.

99 — Deux beaux Plats, Chine, émaux verts.

100 — Sucrier, Chine, émaux verts.

101 — Vingt-cinq pièces diverses.

102 — Cinquante pièces diverses.

FAIENCES

103 — Encrier en faïence de Nuremberg aux armes de France, avec inscription.

104 — Surtout de table en faïence brune, d'Avignon; bord à jour soutenu par des balustres.

105 — Surtout en faïence blanche et bleue, de Moustiers.

106 — Porte-Bouquets en faïence brune, d'Avignon.

107 — Plat en faïence de Delft, polychrôme.

108 — Plaque encadrée, faïence de Castelli.

109 — Plat, Moustiers, blanc et bleu.

110 — Gourde en faïence de Nevers, polychrôme.

111 — Assiette, Moustiers, polychrôme.

112 — Jardinière, Moustiers, bleu et blanc.

113 — Deux Vases Castelli, polychrôme.

114 — Confiturier, faïence de Niederviller.

115 — Vases en faïence française.

116 — Cafetière en faïence française.

117 — Jardinière, Moustiers, bleu et blanc.

118 — Plat, Moustiers, bleu et blanc.

119 — Plat en faïence de Gênes, bleu.

120 — Douze Assiettes faïence, Moustiers.

121 — Cinq Assiettes, Moustiers, fêlées, polychrômes.

122 — Six Assiettes, Moustiers, polychrômes.

123 — Plat en faïence de Milan, bleu.

124 — Compotier, Moustiers, polychrôme.

125 — Quatre Assiettes, Moustiers, polychrômes.

126 — Plat, Moustiers, blanc et bleu.

127 — Surtout de table, Moustiers, blanc et bleu.

128 — Bouillon de Mariée, Moustiers, blanc et bleu.

129 — Jardiniere, Moustiers, blanc et bleu.

130 — Sucrier, Moustiers, blanc et bleu.

131 — Trois Plats longs, Marseille, polychrômes.

132 — Soupière, Moustiers, polychrôme.

133 — Plat, Marseille, polychrôme.

134 — Plat, Savone, bleu.

135 — Deux Plats ovales, Moustiers, bleus.

136 — Plat, Clermont, blanc et bleu.

137 — Quatre Plats Lunéville, blancs à jour.

138 — Quatre Plats ovales, Lunéville, blancs à jour.

139 — Deux Plats, Marseille, polychrômes.

140 — Jardinière.

141 — Deux Corbeilles à jour, Marseille.

142 — Deux pièces, Moustiers et Montpensier.

143 — Plat, Marseille, aux olives, polychrôme.

144 — Deux Chiens, polychrômes.

145 — Deux Bouteilles à rafraîchir, Perpignan.

146 — Deux vases, Avignon, brun.

147 — Jardinière, Lunéville.

148 — Vase, Avignon, brun.

149 — Plat ovale, Marseille, polychrôme.

150 — Plat faïence de Perse, polychrôme.

151 — Plat, Clermont, blanc et bleu.

152 — Deux Jardinières faïence anglaise.

153 — Deux beaux et grands Surtouts de table pareils, en
       Moustiers, blanc et bleu. Très-belles pièces.

154 — Sucrière, Moustiers, blanc et bleu.

155 — Sucrière, Moustiers, blanc et bleu.

156 — Sucrière, Clermont, blanc et bleu.

157 — Plat, Moustiers, blanc et vert.

158 — Petite Boîte à épices, blanc et bleu.

159 — Saucière, Moustiers, blanc et bleu.

160 — Quatre Assiettes, Moustiers, blanc et bleu.

161 — Plat Urbino.

162 — Deux Assiettes, Moustiers, blanc et vert.

163 — Six Assiettes, Moustiers, blanc et vert.

164 — Deux Compotiers, Moustiers, blanc et bleu.

165 — Quatre Assiettes, Moustiers, blanc et vert.

166 — Assiette, Moustiers, blanc et bleu.

167 — Bouillon, Grenoble.

168 — Plat, Moustiers, blanc et vert.

169 — Plat, Moustiers, Tempesta, blanc et bleu.

170 — Deux Plats italiens sans décor.

171 — Grand Plat, Moustier, blanc et bleu.

172 — Plat, Moustiers, blanc et bleu.

173 — Rafraîchissoir, Lunéville.

174 — Plat, Suisse.

175 — Plat Hispano-Arabe, reflets métalliques.

176 — Plat armorié, Moustiers, blanc et bleu.

177 — Plat, Savone, bleu.

178 — Plat, Delft, bleu.

179 — Bain de Pied, Picardie, blanc et bleu.

180 — Fontaine et son bassin, Varages, blanc et bleu.

181 — Fontaine, Moustiers.

182 — Environ trente pièces de faïence diverses.

183 — Déjeuner de quinze pièces en faïence de Naples, à
médaillons.

Collection BIGILLON

DEUXIÈME PARTIE

TABLEAUX

et

GRAVURES

EXPOSITIONS

Particulière : Le 24 Avril 1869, de une heure à cinq heures
Publique : Le 25 Avril 1869, de une heure à cinq heures.

VENTE

Les 26, 27, 28, 29 et 30 Avril 1869, à une heure précise
Salle du nouveau Musée de la Bibliothèque de Grenoble

TABLEAUX ANCIENS

ALBANE

1 — Le Jugement de Pâris.

Pâris debout étend le bras vers les trois déesses caractérisées par leur mouvement personnel; Junon cherche à se cacher derrière un voile, et Minerve s'apprête à remettre son casque.

Sur toile. — H. 1 m. 20 c. L. 1 m. 77 c.

ARY SCHEFFER

2 — Marie-Antoinette.

BAPTISTE

3 — Fleurs et Fruits.

Sur toile. — H. 32 c. L. 1 m. 79 c.

BASSAN

4 — Deux Tableaux d'animaux.

BENEDETTO

5 — Allégorie.

Une femme tient une coupe et une baguette. Un terme de Priape qui est à côté d'elle, et différents animaux à droite, sembleraient indiquer que l'amour résiste à tout, et les ruines qui sont à ses pieds qu'il dure alors que tout périt.

Sur toile. — H. 82 c. L. 97 c.

BENEDETTO

6 — Moïse débarrasse les filles de Jethro des bergers qui leur interdisaient de puiser de l'eau.

Sur toile. — H. 93 c. L. 1 m. 20 c.

BERETTINI (Pierre)

7 — Saint Jérôme.

Le Saint s'abîme dans la contemplation de la mort.

Sur toile. — H. 1 m. 8 c. L. 95 c.

BERGHEM

8 — Pâturage.

Des animaux vont rentrer à l'étable. Tout au milieu, tourné vers la droite, une vache lève la tête en beuglant.

Sur toile. — H. 37 c. L. 55 c.

BERGHEM (Attribué à)

9 — Animaux dans un pâturage.

Sur toile. — H. 28 c. L. 40 c.

BOUCHER

10 — La Peinture.

Un génie dessine d'après la bosse pendant qu'un autre lui désigne quelques changements à faire.

Sur toile. — H. 56 c. L. 37 c.

BOUCHER

11 — Tête de jeune Fille.

Sur toile. — H. 35 c. L. 32 c.

BOUCHER (Attribué à)

12 — Jeu de Nymphes.

Sur toile. — H. 70 c. L. 54 c.

BRÉDA (VAN)

13 —

Devant la porte en ruine d'une ville italienne, bordée au fond à droite par des montagnes, un marché très-animé par un grand nombre de figures d'hommes et d'animaux. — Tableau d'une grande richesse d'exécution.

Sur toile. — H. 1 m. 60 c. L. 2 m. 33 c.

CANALETTI

14 —

A droite, un riche palais, soutenu par des colonnes de porphyre, des constructions au bord d'un canal; la scène est animée par des personnages

Sur toile. — H. 72 c. L. 98 c.

CANALETTI

15 — La place Saint-Marc.

Sur toile. — H. 73 c. L. 88 c.

CANALETTI

16 — Une partie du grand Canal.

Sur toile. — H. 73 c. L. 88 c.

CALIARI

17 — Moïse sauvé des eaux.

Sur bois. — H. 95 c. L. 1 m. 27 c.

CARESME

18 —

Un faune fait embrasser par un petit faune une nymphe endormie sur ses genoux. Dans le fond, une bacchante verse à boire à un satyre qui l'embrasse.

Sur toile. — H. 60 c. L. 70 c.

CARLO DOLCI

19 — Sainte Famille.

La Vierge tient sur ses genoux l'enfant Jésus, auquel elle apprend à lire.

Sur toile. — H. 70 c. L. 59 c.

CARLO MARATTI

20 — Sainte Famille.

H. 44 c. H. 1 m.

CARRACHE (Attribué à)

21 — Sainte Catherine.

CARRACHE (Attribué à)

22 —

Une jeune nymphe à sa toilette est découverte par un satyre qu'elle a l'air d'avoir attendu.

Sur toile. — H. 55 c. L. 43 c.

CHARDIN

23 — Les Bulles de savon.

CIGOLI

24 — Sainte Madeleine.

Sur toile. — H. 1 m. 30 c. L. 1 m. 14 c.

CLOUET (Gravé par SADELER)

25 —

Autour d'une table galamment servie de jeunes seigneurs et de jeunes femmes se livrent au plaisir. — Dans le fond, double scène : des guerriers armés de pied en cap combattent, à droite des diables entraînant des hommes et des femmes.

Allégorie de la vie et de la mort. — Les têtes paraissent des portraits.

Sur bois. — H. 1 m. 20 c. L. 1 m. 47 c.

COYPEL (NOEL)

26 —

Moïse frappe, au milieu du peuple reconnaissant, un rocher d'où jaillit l'eau.

Sur toile. — H. 1 m. 15 c. L. 1 m. 53 c.

COYPEL (NOEL)

27 — Enlèvement d'Europe.

Sur toile. — H. 86 c. L. 1 m.

COYPEL (NOEL)

28 — Vertumne et Pomone.

> Sur toile. — H. 86 c. L. 1 m.

COYPEL (NOEL)

29 — Vénus et Mars.

> Dessus de porte, sur toile. — H. 1 m. L. 84 c.

COYPEL (NOEL)

30 — Mars et Vénus.

CRAESBEKE

31 — Scène familière. Effet de lumière.

> Sur bois. — H. 43 c. L. 46 c.

CRAESBEKE

32 — Homme criant.

DE LA PIERRE (1797). Signé

33 —

> Une vieille dame s'est fait peindre dans son jardin, filant assise avec son chien et son perroquet.
>
> Sur toile. — H. 1 m. 27 c. L. 1 m. 6 c.

DE LA PIERRE (1797). Signé

34 — Sous ce numéro deux pendants.

Une jeune femme allaite d'un air heureux son enfant, tandis que, sur le pendant, son mari la regarde en riant.

Sur toile. — H. 79 c. L. 67 c.

DESPORTES (Neveu)

35 — Nature morte.

DETROY

36 — Louis XV enfant.

Il est assis souriant et joue avec un chien.

Sur toile. — H. 80 c. L. 68 c.

DIETRICH (Attribué à)

37 — Portrait d'Homme en pèlerin.

Sur bois. — H. 82 c. L. 70 c.

DIETRICH (Attribué à)

38 — Tête d'Homme vu de face et orné d'un collier.

Sur bois. — H. 94 c. L. 80 c.

DIETRICH (Attribué à)

39 — Tête de Vieillard coiffé d'un turban.

Sur bois. — H. 60 c. L. 51 c.

ÉCOLE ALLEMANDE

40 — La Mer, caractérisée par Amphitrite, entourée de glayeuls et de coquilles.

Sur bois. — H. 56 c. L. 37 c.

ÉCOLE ALLEMANDE

41 — La Terre, caractérisée par une Cérès, entourée de blés et de fruits.

Sur bois. — H. 56 c. L. 37 c.

ÉCOLE FRANÇAISE

42 — Grand Paysage orné de figures.

Sur bois. — H. 90 c. L. 1 m. 23 c.

ÉCOLE FRANÇAISE

43 — Jeu de jeunes Femmes dans un jardin.

Sur bois. — H. 99 c. L. 77 c.

ÉCOLE FRANÇAISE

44 — Etude de jeune Femme couchée.

Sur toile. H. 71 c. L. 59 c.

ÉCOLE DE MIGNARD

45 — Sainte Famille.

Sainte Anne présente une fleur à l'enfant Jésus que la Vierge retient doucement.

Sur toile. — H. 76 c. L. 58 c.

ÉCOLE RUSSE

46 — Vierge.

FRANCK FLORE

47 — L'Annonciation.

Sur bois. — H. 1 m. 18 c. L. 76 c.

FRANCK FLORE

48 — L'Annonciation.

Sur cuivre. — H. 46 c. L. 41 c.

FRAGONARD

49 — Grisaille. Nymphes faisant un sacrifice à l'Amour.

Sur toile. — H. 56 c. L. 80 c.

FRANCK (le Jeune)

50 — L'Adoration.

La Vierge découvre le divin Enfant pour le livrer à l'admiration des bergers. Dans le haut, un ange tient une banderolle avec : *Gloria in excelsis Deo.*

Sur bois. — H. 62 c. L. 55 c.

GÉRARD

51 — Néant de la Beauté.

LUC GIORDANO

52 — Tête de saint Paul.

Sur toile. — H. 72 c. L. 56 c.

GUARDI

53 — Deux Vues de Florence et de Venise.

Sur toile. — H. 1 m. 24 c. L. 1 m. 59 c.

GUIDO RENI

54 —

David vient de terrasser Goliath et tourne ses yeux vers le ciel comme pour le remercier de la victoire remportée.

Sur toile — H. 1 m. 45 c. L. 1 m. 20 c.

GUIDO RENI

55 —

Sainte, les mains sur la poitrine et les yeux levés au ciel.

Sur toile. — H. 76 c. L. 67 c.

GUIDO RENI

56 —

Une sainte, jeune, la figure tournée à gauche, une main sur son cœur.

Sur toile. — H. 75 c. L. 70 c.

GREUZE

57 — Portrait d'homme.

Il lève la tête vers le ciel en faisant des mains, qui sont fort belles, un geste de prière.

Sur toile. — H. 1 m. 17. L. 98 c.

HACKERT (Signé)

58 —

Paysage animé par un cours d'eau ; des animaux passent un gué.

Sur toile. — H. 93 c. L. 1 m. 12 c.

HASSEN (N. W., 1699)

59 — Scène flamande.

Un joueur heureux montre ses cartes pendant que son adversaire se dépite. — La galerie se moque.

Sur bois. — H. 48 c. L. 42 c.

HERMANN D'ITALIE

60 —

Un muletier conduit sa mule au bord d'un torrent encadré de verdure et de rochers.

Sur toile. — Cadre sculpté. — H. 54 c. L. 91 c.

HUYSMANS

61 — Paysage accidenté.

62 — Paysage accidenté.

Sur toile. — H. 34 c. L. 45 c.

HUMBERT (1763)

63 — Portrait de la femme de sir Henri Clifford.

Sur toile. — H. 56 c. L. 49 c.

JULES ROBERT. (Signé.)

64 — La Vierge soulève les langes de l'Enfant endormi.

Sur carton. — H. 74 c. L. 61 c.

JULES ROMAIN

65 — Les Forges de Vulcain.

Sur bois. — H. 1 m. 10 c. L. 85 c.

KABEL (Vander)

66 — La Vierge, Jésus et saint Jean qui lui offre des fruits sur un plateau.

Sur cuivre. — H. 33 c. L. 18 c.

LABATIÉ (1774)

67 — Pigeons au nid.

Sur toile. — H. 50 c. L. 58 c.

LA HIRE

68 — Scène familière.

Un jeune homme près de sa femme, la regarde avec tendresse;
l'Hymen les couronne. — Dans le fond, à droite, des femmes pré-
parent différentes choses.

Sur toile. — H. 72 c. L. 94 c.

LALLEMANT

69 — Paysage avec animaux.

Sur bois. — H. 60 c. L. 52 c.

LANCRET (Signé)

70 —

Dans un parc, autour d'une table, une société galante colla-
tionne, tout en écoutant un des convives qui joue de la guitare.
— Dans le fond, des serviteurs s'empressent.

Sur toile. — H. 1 m. L. 81 c.

LATOUR

71 — Deux Pastels.

LEBRUN (Copie de)

72 — Alexandre et les femmes de Darius.

LEDUC (Alphonse)

73 — Corps de Garde.

Un homme, qui regarde le public, charge une pipe; par terre des parties d'armures.

H. 60 c. L. 53 c.

LENAIN (Daté 1645)

74 — Portrait d'un officier couvert de sa cuirasse.

Sur toile. — H. 81 c. L. 66 c.

LENOIR

75 — Deux Pastels. Portraits.

LESUEUR

76 — Jésus chez Marthe et Marie.

Le Christ parle à Marthe, et lui répète les paroles connues de l'Evangile.

Sur toile. — H. 1 m. 09 c. L. 1 m. 40 c.

LESUEUR

77 — Jésus et la Madelaine.

Toile. — H. 1 m. L. 85 c.

LESUEUR

78 — Tête de Marie.

LESUEUR

79 — Judith et Holopherne.

MAAS

80 — Allégorie.

> Les Arts libéraux s'élèvent vers l'Olympe. Dans le bas, les grands de la terre viennent admirer les œuvres du génie. — Au milieu, un trophée de drapeaux portant les armoiries des princes qui protégèrent les arts à l'époque de la Renaissance.

> Sur toile. — H. 1 m. 80 c. L. 1 m. 47 c.

MAUPERCHE

81 — Beau Paysage très-accidenté.

> Au milieu, un torrent se frayant une route parmi les arbres d'un bois touffu ; l'horizon, bordé de montagnes, est chaudement éclairé.
>
> Sur toile. — H. 1 m. 12 c. L. 1 m. 50 c.

MEULEN (Van der)

82 —

> Un groupe de seigneurs, richement vêtus et montés, chassent un cerf au débuché
>
> Sur toile. — H. 65 c. L. 1 m.

MICHAUD THEOBALD (Signé)

83 — Paysage.

Rivière avec fabriques; sur le devant, un troupeau de vaches s'abreuve à la rivière. — A gauche des paysans vont et viennent.

Sur toile. — H. 49 c. L. 62 c.

MICHEL-ANGE DES BATAILLES

84 —

Fruits de toutes sortes s'échappant d'une corbeille placée sur une table.

Sur toile. — H. 79 c. L. 1 m. 04 c.

MIGNARD

85 — Sainte Cécile.

Un génie tient le livre de la musique qu'elle chante les yeux levés au ciel. Un autre génie la regarde par dessus l'épaule.

Sur toile. — H. 1 m. 14 c. L. 93 c.

MIREVELT

86 — Portrait de Femme.

Sur toile. — H. 58 c. L. 50 c.

MOUCHERON

87 —

Madeleine au désert et dans un désert fort agréable et très-cultivé.

Sur toile. — H. 70 c. L. 86 c.

MOUCHERON

88 —

Dans un grand parc bordé à gauche d'un riche bâtiment et orné d'une fontaine, au milieu diverses personnes se promènent; sur le devant, un architecte semble donner des ordres à des ouvriers.

Sur toile. — H. 92 c. L. 1 m. 26 c.

NEER (Van der)

89 — Signé 1607.

90 — Signé 1607.

Deux marines faisant pendant.

NETSCHER (Constantin)

91 — Portrait d'une jeune femme en riche costume.

Sur toile. — H. 61 c. L. 63 c.

NETSCHER (Constantin)

92 — Portrait de jeune femme, pendant du précédent.

Sur toile. — H. 61 c. L. 63 c.

OSTADE (Van)

93 — Intérieur d'une Auberge.

Tableau enrichi d'un grand nombre de figures.

Sur toile. — H. 74 c. L. 1 m.

OSTADE (Van)

94 —

Devant la porte d'une maison rustique, un joueur de vielle, barbu, l'œil couvert d'un emplâtre, attire autour de lui les commères du village avec leurs enfants, qui par terre, qui sur les bras.

Tableau d'un fini précieux, très-animé, et d'une parfaite conservation.

Sur bois. — H. 75 c. L. 65 c.

PALME (le Jeune)

95 — Mise au Tombeau.

Sur toile. — H. 64 c. L. 54 c.

PANNINI (1743, signé)

96 — Vue de Rome moderne.

97 — Rome antique ; le Colisée.

Deux très-beaux pendants bien égaux de ton et très-agréables.

Sur toile. — H. 1 m. L. 1 m. 23 c.

PANNINI (1743, signé)

98 —

A droite, un palais soutenu par des colonnes cannelées à chapiteaux corinthiens et laissant voir au fond une campagne des plus agréables.

Sur toile. — H. 30 c. L. 45 c.

PANNINI (1743, signé)

99 — Architecture.

Deux très-beaux pendants.

PARMESAN

100 — Sainte Famille.

H. 1 m. 20 c. L. 95 c.

PELLETIER

101 — Portrait de Latour. — (Pastel.)

H. 62 c. L 54 c.

PETERS BONAVENTURE

102 — Naufrage au milieu d'une mer furieuse. Un bâtiment s'est perdu.

Sur toile. — H. 75 c. L. 1 m. 26 c.

PHILIPPE LE NAPOLITAIN

103 —

Mêlée de combattants d'une animation grande. Un nombre in-
fini de figures à pied et à cheval.

Sur toile — H. 1 m. 12 c. L. 1 m.   c.

PINAKER

104 — Paysage avec une rivière bordée à droite et à gauche de bouquets de bois et de maisons.

L'horizon est mouvementé et éclairé à la manière de Lorrain.

Sur toile. — H. 74 c. L. 92 c.

POUSSIN (Guaspre)

105 — Grand Paysage, site d'Italie.

Au milieu un torrent écumeux. La scène est animée par une Diane chasseresse.

Sur toile. — H. 1 m. 04 c. L. 1 m. 48 c.

POUSSIN (Guaspre)

106 — Saint Jean prêchant à une foule assemblée, dans un très-beau paysage d'Italie.

Sur toile. — H. 91 c. L. 1 m. 15 c.

POUSSIN (Guaspre)

107 — Grand Paysage orné de figures.

Sur toile. — H. 1 m. L. 1 m. 30 c.

PRIMATICE

108 — Portrait de jeune femme portant un riche costume.
la tête couronnée de rayons, et tenant dans ses
mains le vase allégorique de la Foi.

Sur bois avec cadre de bois sculpté. — H. 61 c. L. 47 c.

PRUDHON (Signé)

109 — Couronnement du buste de Joseph II.

Sur toile. — H. 60 c. L. 50 c.

RUYSDAEL (JACQUES, 1664)
(Signé et daté au bas à gauche).

110

Un bois dans lequel chassent des seigneurs ; à droite, un arbre
brisé par la foudre laisse tomber ses branches et son tronc encore
vivants sur le sol.

Sur toile. — H. 1 m. 35 c. L. 1 m. 69 c.

RUYSDAEL (JACQUES, 1664)

111 — Paysage avec rivière, traversée par un bac, avec
personnages et animaux.

Sur toile. — H. 79 c. L. 1 m. 03 c.

ROBERT (Hubert), signé et daté

112 — Un Dessinateur (Hubert Robert peut-être), reproduit sur le papier les belles ruines qu'il a devant les yeux et qui forment le sujet du tableau.

Sur toile. — H. 1 m. 98 c. L. 1 m. 23 c.

ROBERT (Hubert), signé et daté

113 — Scène animée au milieu de ruines splendides, s'ouvrant au fond sur un beau ciel bleu.

Pendant du précédent.

Sur toile. — H. 1 m. 98 c. L. 1 m. 23 c.

(Ces deux beaux pendants sont du plus magnifique faire du maître).

ROSA DE TIVOLI

114 — Paysage avec animaux.

Près de ruines, un pâtre couché garde un troupeau de vaches chèvres et moutons.

Sur toile. — H. 55 c. L. 86 c.

ROSA DE TIVOLI

115 — Animaux au repos, gardés par des bergers.

Sur toile. — H. 1 m. 20 c. L. 1 m. 55 c.

RUDHART (Charles)

116 — Animaux paissant.

Sur toile. — H. 41 c. L. 52 c.

RYHINER (signés 1784)

117 — Deux Paysages se faisant pendant.

Sur bois. — H. 59 c. L. 70 c.

RUDOLPHO MEST

118 — Sous ce numéro quatre tableaux sur albâtre, bur-
gautés et représentant quatre scènes de la vie de
Notre Seigneur :

Naissance du Christ.

L'Adoration des Mages.

Fuite en Egypte.

L'Assomption de la Vierge.

Albâtre. — H. 78 c. L. 64 c.

SALVATOR ROSA

119 — Sainte Madeleine au milieu d'un désert affreux,
coupé de rochers et traversé par un torrent.

Sur tôle. — H. 1 m. 24 c. L. 1 m. 59 c.

SALVATOR ROSA

120 — Saint Laurent.

Des soldats s'apprêtent à le coucher sur un bûcher.

Sur toile. — H. 1 m. L. 98 c.

STELLA JACQUES

121 — La Vierge dans une gloire.

Cuivre. — H. 26 c. L. 20 c.

STELLA JACQUES

122 — Une Copie des funérailles de Phocion, par Le Poussin.

Sur toile. — H. 1 m. 42 c. L. 1 m. 90 c.

STELLA JACQUES

123 — La Noce d'or.

Des joueurs d'instruments, suivis des mariés, de petits enfants et de tous les invités, se dirigent vers une maison à droite.

Sur toile. — H. 49 c. L. 78 c.

SCHALKEN

124 — Homme soufflant sur un charbon ardent, dont la lueur avivée lui éclaire chaudement la figure.

Sur toile. — H. 89 c. L. 78 c.

SCHENAU

125 — Architecture. — Deux pendants.

SPRANGER

126 — La Chaste Suzanne.

Sur bois. — H. 1 m. 10 c. L. 87 c.

SPRANGER

127 — Salomé.

TARRET (1639)

128 — Naissance de la Vierge.

Diverses femmes, jeunes et v'eilles, sont occupées à donner des soins à l'Enfant que présente une jeune femme agenouillée.

Sur toile. — H. 91 c. L. 85 c.

TILBORG

129 — Nymphes au bain, surprises par des satyres qui expriment leur satisfaction.

Sur bois — H. 52 c. L. 66 c.

TINTURICCHIO

130 — Sainte Famille.

Saint Joseph regarde l'Enfant un doigt sur la bouche.

Cuivre. — H. 42 c. L. 37 c.

TREMOLLIÈRE

131 — Portrait d'une religieuse.

Sur toile. — H. 85 c. L. 77 c.

VALENTIN

132 — Le Serpent d'airain.

Sur toile. — H. 1 m. 46 c. L. 1 m. 95 c.

VANLOO

133 — Allégorie de la Terre.

La Terre, assise sur un trône élevé, préside à la répartition de ses dons.

Sur toile. — H. 1 m. 10 c. L. 1 m. 61 c.

VELASQUEZ

134 — Fruits et accessoires.

VÉLASQUEZ

135 — Six Panneaux de nature morte et accessoires.

VERDUSSEN (Signé)

136 — La Vendange.

>Des vignerons chargent une voiture attelée de raisins qu'apportent diverses personnes.

>Sur bois. — H. 32 c. L. 45 c.

VERNET (JOSEPH.) Signé

137 —

>Un groupe de femmes nues se baignent au bord de la mer dans un charmant entourage de verdure.

>Sur bois. — H. 55 c. — L. 62.

VIEN

138 — Saint Sébastien expirant percé de flèches.

>Sur toile sans cadre. — H. 1 m. 21 c. L. 1 m. 02 c.

VÖPEL (GASPAR, 1537.) Signé

139 — Le Christ bénissant de la dextre; de la senestre, il soutient un globe terrestre qui paraît être la cosmographie du monde à cette époque.

>Sur bois. — H. 75 c. L. 67 c.

VOUET (Simon). Attribué à

140 — Allégorie de la Poésie et l'Astronomie.

Panneau original et qui a dû faire partie d'une décoration.

Sur toile. — H. 1 m. L. 1 m. 45 c.

WATTEAU

141 —

Dans un paysages de ruines et de verdure, plusieurs nymphes paraissent apporter des fruits à Diane au repos. Un vieillard, appuyé sur un bâton, regarde la scène avec attention.

Sur toile — H. 37 c. L. 45 c.

WATTEAU

142 —

Dans un joli paysage, à horizons lointains, de jeunes bergers et bergères causent en gardant leurs moutons.

Sur toile. — H. 37 c. L. 45 c.

WATTEAU (Attribué à)

143 — Portrait.

WOUVERMAN (1670)

144 —

Une fontaine, au milieu d'un joli paysage, donne son eau à de jeunes filles lavant du linge.

Charmant tableau d'une grande finesse.

Sur bois. — **H. 32 c. L. 40 c.**

WENIX (Copie de)

145 — Ulysse découvrant Achille.

146 — Environ deux cent cinquante toiles, bois, toiles roulées, cadres sculptés, études, etc., etc.

INCONNUS

147 — Un Moine.

Sur toile. — **H. 1 m. L. 85 c.**

148 — Un Page, la main sur une urne.

Sur toile. — **H. 72 c. L. 62 c.**

149 — Portrait d'un artiste en costume du temps du Régent.

Sur toile. — **H. 42 c. L. 34 c.**

INCONNUS

150 — Corbeille de Fruits.

Sur toile. — H. 94 c. L. 1 m. 16 c.

151 — Une Piscine dans un jardin, avec figures

H. 90 c. L. 73 c.

152 — Deux Mosaïques de Rome.

153 — Romain et Romaine assis.

H. 54 c. L. 44 c.

154 — Portrait d'Homme vêtu de velours dans un cadre
en bois sculpté.

Sur toile — H. 1 m. 06 c. L. 90 c.

155 — Martyre de saint Jérôme.

Sur toile — H. 97 c. L. 1 m. 12 c.

156 — Esther aux genoux d'Assuérus.

Il étend sur elle son sceptre en signe de protection.

Sur toile. — H. 95 c. L. 1 m. 18 c.

157 — Portrait d'Homme debout dans un parc.

Sur toile. — H. 99 c. L. 77 c.

INCONNUS

158 — Grand Paysage orné de fabriques.

Sur toile. — H. 1 m. 15 c. L. 1 m. 50 c.

159 — Intérieur d'Eglise.

H. 76 c. L. 96 c.

160 — Paysage.

Des brigands attaquent un homme près d'une ruine.

Sur toile. — H. 66 c. L. 77 c.

161 — Portrait de Femme.

TABLEAUX MODERNES

162 — Vulax. Renard et Canard.

163 — Couturier. Basse-Cour.

164 — Id. Basse-Cour.

165 — Poley. Paysage.

166 — Id. Paysage.

167 — Lecode. Paysage.

168 — Achard. Paysage

169 — Id. Paysage.

170 — Id. Paysage.

171 — Paysage.

172 — Paysage.

173 — Aquarelle. Paysage.

174 — Dessin. Paysage.

MINIATURES

———

175 — ISABEY. Portrait d'Homme.

176 — BOUCHER. Portrait d'Homme.

177 — AUBRY. Mlle Duchesnois.
178 —   ID.   Mlle Georges.
179 —   ID.   Deux jeunes Femmes.
180 —   ID.   Deux jeunes Femmes.

181 — GAY. Femme.
182 —   ID.   Tête de Femme.

183 — BONIFAZIO. Sainte Vierge.

184 — GAUDE. Napoléon; imitation de camée.

185 — JEAN PISARELLO. L'Oiseau mort.

186 — DE GAUT. Tabatière grisaille. Combat d'amazones.
187 —   ID.   Portrait d'une jeune Fille.
188 —   ID.   Petite Fille.
189 —   ID.   Portrait d'Homme.
190 —   ID.   Hébé.
191 —   ID.   Deux Miniatures.
192 —   ID.   Dessus de Tabatière, grisaille.

GRAVURES

———

Le temps nous ayant manqué, vu la quantité de pièces, nous aimons mieux laisser aux connaisseurs le soin de voir par eux-mêmes lors des expositions et ventes l'état des Gravures.

OPPENHEIM.

Collection BIGILLON

TROISIÈME PARTIE

Optique et Géodésie, Physique

Histoire naturelle

Minéralogie, Coquillages, Insectes

EXPOSITIONS

Particulière : le 12 Avril 1869, de une heure à cinq heures

Publique : le 13 Avril 1869, de une heure à cinq heures

VENTE

Les 14 et 15 Avril 1869, à une heure précise

Salle du nouveau Musée de la Bibliothèque de Grenoble

OBSERVATION

———

Cette partie comprendra :

Tous les objets d'Optique et de Géodésie, Instruments de physique, Histoire naturelle, Minéralogie,
Coquillages et Insectes, dont la nomenclature serait
trop considérable pour être cataloguée. Nous nous
contentons donc de les désigner ici sous leurs termes
génériques, pour marquer leur place tant dans la
collection que dans la vente.

A. OPPENHEIM.

Renou et Maulde, imprimeurs de la Compagnie des Commissaires-Priseurs,
rue de Rivoli, 144   23450

HOTELS DE GRENOBLE.

ENSEIGNES.	Noms des Hôteliers.	Place ou rue.	Observations.
Hôtel Monnet (1er ordre),	Trillat,	place Grenette.	Omnibus.
Hôtel de l'Europe (1er ordre).	Charréard,	Id.	Id.
Hôtel des trois Dauphins (1er ordre).	Derbeys,	rue Montorge.	Id.
Hôtel des Ambassadeurs (1er ordre).	Favier,	Id.	Id.
Hôtel Restaurant Dauphinois (1er ordre),	Charpy,	Cour Teisseire.	
Hôtel des Alpes (2e ordre),	Jullien,	rue Bressieux.	Id.
Hôtel de l'Isère (2e ordre),	Pascal,	rue de France.	
Hôtel Bayard (2e ordre),	Bayard,	rue Saint-Louis.	

HOTELS GARNIS.

Hôtel Vachon	Genard,	rue Bressieux.
Hôtel de Montpellier	Payen,	rue des Augustins.
Hôtel de Marseille	Fournier,	rue Bressieux.
Hôtel de France	Richard-Bard,	rue St-François.

CHEMINS DE FER.

Départ de **Paris** par train express, 7 h. 15 soir. — Arrivée à **Grenoble**, 9 h. 00 matin.

—	**Lyon**	—	5 h. 20 mat.	—	—	9 h. 00	—
—	**Marseille**	—	10 h. 40 soir.	—	—	9 h. 17	—
—	**Genève**	—	6 h. 30 mat.	—	—	2 h. 53	soir.

2000 Imp. de J. Baratier. 507.